हमारे अधिकार और कर्तव्य

सीमा जैन

वाणी प्रकाशन
4695, 21-ए, दरियागंज, नयी दिल्ली-110 002

संस्करण : 2012 ISBN : 978-93-5000-691-7 मूल्य : ₹ 30/-

हमारे अधिकार और कर्तव्य

अक्सर लोग अपने अधिकारों की बात करते हैं। ये हमारा अधिकार है अथवा ये हमारा हक है और हमें मिलना चाहिए पर अपने अधिकारों की बात करने वाले ये लोग भूल जाते हैं कि अधिकार के साथ-साथ कर्तव्य भी होते हैं। उन्हें अपने कर्तव्य का बोध नहीं होता। जो लोग अपना अधिकार माँगते हैं या अपना हक जताने की इच्छा रखते हैं उन लोगों को यह भी ध्यान रखना चाहिए कि क्या वे अपना कर्तव्य निभाने की भी इच्छा रखते हैं या नहीं।

ये सच है कि हम सब लोग अपने अधिकारों के बारे में जानें और उसके साथ-साथ हमें अपने कर्तव्यों से भी पीछे नहीं हटना चाहिए। अधिकार और कर्तव्य दोनों साथ हों तभी अच्छा लगता है। अपने कर्तव्यों से मुँह मोड़कर अधिकारों की बात करना कदापि सही नहीं है।

आइए आपको एक कहानी सुनाती हूँ।

एक बार एक सेठ था। उसकी दो बेटियाँ थीं, लड़का नहीं था। उसने बहुत पूजा-पाठ कराए, मन्नतें माँगीं कि एक लड़का हो जाए तो उसका वंश का नाम भी आगे बढ़ेगा। आखिरकार भगवान को उस पर दया आ

गई और उसके घर पुत्र का जन्म हुआ। साहूकार खुशी से पागल हो गया और उसने खूब धूम-धाम से सारे कस्बे को दावत दी। धीरे-धीरे वह बड़ा होने लगा। सेठ उसकी हर जिद पूरी करता, वो जो कहता वह उसे करता। अपने लड़के से तो वह खूब प्यार करता पर अपनी बेटियों की तरफ ज्यादा ध्यान न देता। अपने साथ-साथ लड़कियों को भी उस लड़के की ही जिदें पूरी करने में लगाए रहता। इतने लाड़ प्यार में लड़का बिगड़ने लगा। वह सारा दिन इधर-उधर घूमता रहता। पढ़ने-लिखने में उसका मन नहीं

लगता। माँ या बहनें कभी कुछ कहती थीं तो सेठ हँसी में टाल कर कहता, उसे कौन-सा नौकरी करनी है। बहुत सारा पैसा है मेरे पास।

धीरे-धीरे वक्त गुजरता गया। अब वह लड़का जवान हो गया था और सेठ बूढ़ा। लड़कियाँ शादी होके अपने घर चली गई थीं और उनकी माँ का स्वर्गवास हो गया था। सेठ से अब ज्यादा काम नहीं होता था। उसने अपने बेटे की शादी कर दी। बहू भी ऐसी आई जिसने आते ही सबसे पहले उस सेठ को ही घर के बाहर निकाल दिया। बहू ने कहा कि पिताजी तो बीमार रहने लगे हैं और अब उनसे कोई काम तो होता नहीं है। बस

सारा दिन बिस्तर तोड़ते रहते हैं तो तुम उनको वृद्धाश्रम में छोड़ दो। वहाँ पर उनकी देखभाल भी होती रहेगी और खर्चा भी कुछ नहीं होगा। लड़के ने अपनी पत्नी की बात मानकर अपने पिता को वृद्धाश्रम में छोड़ दिया। जब सेठ की बेटियों को यह पता चला तो वे आकर अपने पिता को वृद्धाश्रम से अपने घर ले गईं और अपने पिता का इलाज कराया। बेटियों की मेहनत रंग लाई और सेठ काफी अच्छा हो गया। अपनी बेटियों की सेवा से सेठ की भी आँखें खुल गईं। उसने अपनी सारी जायदाद में से अपने बेटे को कुछ नहीं दिया सिर्फ दो हिस्से करके अपनी दोनों बेटियों में बाँट दी। जब बेटे को पता चला तो वह अपना हक जमाने पहुँच गया और कहने लगा कि जायदाद पर सिर्फ मेरा अधिकार है और बहनों को कुछ नहीं मिलना चाहिए। दोनों (पिता और बेटे) में काफी कहा सुनी हुई और बात बढ़ते-बढ़ते पंचायत तक पहुँच गई।

पंचायत में सरपंच ने कहा कि ठीक है तुम्हारा भी हक बनता है पर जब तुम अपने पिता को वृद्धाश्रम में छोड़ आए थे तब तुम्हें अपना कर्तव्य याद नहीं था। क्या उनकी सेवा करना, उनका इलाज कराना, उनका ध्यान रखना तुम्हारा कर्तव्य नहीं था। हमेशा अधिकार और कर्तव्य साथ-साथ चलते हैं। अधिकार का मतलब है कुछ पाना, कुछ लेना और कर्तव्य का मतलब कुछ देना। अक्सर लोग अधिकार तो जताना जानते हैं, उसे पाना चाहते हैं परन्तु उसके साथ-साथ उनके क्या कर्तव्य हैं वह भूल जाते हैं। तुम उनसे अपना अधिकार तो माँग रहे हो पर क्या तुमने अपने कर्तव्य का भी पालन किया।

यह किस्सा सिर्फ सेठ का ही नहीं है हर तरफ आपको लोग अपने हक और अधिकारों के लिए लड़ते नजर आएँगे। ये अधिकार सिर्फ जमीन-जायदाद के ही नहीं हैं और भी बहुत सारे अधिकार हैं।

ये अधिकार चाहे घर-परिवार के हों या समाज के हों या फिर देश के हों, लोगों को अपने अधिकार तो याद रहते हैं पर वे अपने कर्तव्य याद नहीं रखते। ज्यादातर लोगों को तो ये पता ही नहीं है कि उनके समाज और देश के प्रति कुछ कर्तव्य भी हैं। वे तो बस देश और समाज से अपने अधिकारों के लिए लड़ना जानते हैं।

सच बात तो यह है कि अधिकार और कर्तव्य का गहरा रिश्ता है। जो अपने कर्तव्य का पालन करता हो वह अधिकार की माँग करता हुआ उचित लगता है। यही नैतिकता का तकाजा है और यही धर्म है।

हमारे देश का संविधान 26 नवम्बर, सन् 1949 में बना था और 26 जनवरी, सन् 1950 में इसे लागू किया गया। इसमें हमारे देश के प्रत्येक नागरिक को कुछ मौलिक अधिकार दिए गए हैं जैसे स्वतन्त्रता का अधिकार, बराबरी का अधिकार, धार्मिक स्वतन्त्रता का अधिकार, शोषण के विरुद्ध अधिकार, शिक्षा और संस्कृति का अधिकार और संवैधानिक उपचार का अधिकार।

आजादी अथवा स्वतन्त्रता का अधिकार

वैयक्तिक आजादी लोकतन्त्र का आधार है इसलिए हमारे संविधान ने प्रत्येक व्यक्ति को आजादी का अधिकार दिया है। इसके अनुसार हर व्यक्ति को अपने विचार अभिव्यक्त करने की आजादी है अर्थात् वह अपने विचारों को प्रकट कर सकता है। हर व्यक्ति को अपनी बात बोलने और लिखने की आजादी है। लोग आपस में मिल-जुलकर बिना हथियारों के शान्तिपूर्ण सम्मेलन कर सकते हैं। व्यक्ति भारत में कहीं भी, देश के किसी भी हिस्से में बेरोकटोक आ-जा सकता है। उसे देश के किसी भी कोने में घूमने की आजादी है। वह भारत में किसी भी व्यापार या कार्य को कर सकता है। वह कोई भी संघ बनाने के लिए आजाद है।

इन आजादी के साथ-साथ व्यक्ति को इन बातों का भी ध्यान रखना

चाहिए कि कहीं आपका अधिकार किसी दूसरे के अधिकारों को क्षति न पहुँचाए। आपका कोई भी काम अगर किसी भी तरह का नुकसान पहुँचाएगा तो यह कानून के विरुद्ध होगा। उदाहरण के लिए—संविधान ने आपको इकट्ठे होकर सम्मेलन का अधिकार दिया है पर उसकी वजह से आप दूसरों को परेशान या तोड़-फोड़ नहीं कर सकते। आपका सम्मेलन शान्तिपूर्ण होना चाहिए। हमें अपनी बात कहने की आजादी है पर इसका मतलब यह नहीं है कि आप किसी को भी कुछ भी कह सकते हैं। हर व्यक्ति को दूसरों के अधिकारों का सम्मान करना चाहिए और अपने

अधिकारों का दुरुपयोग नहीं करना चाहिए।

बराबरी का अधिकार

हर व्यक्ति समान है और सबको बराबरी का अधिकार है। हमारे संविधान की नजर में हर व्यक्ति समान है और किसी भी व्यक्ति से उसके धर्म, वंश, लिंग, जाति या जन्म-स्थान के आधार पर कोई भी भेदभाव नहीं किया जा सकता। अगर दो व्यक्ति चाहे वह किसी भी धर्म के हों, जाति के हों या देश के किसी भी कोने से हों वह कोई भी गुनाह करते हैं तो उन्हें एक-सा दण्ड दिया जाएगा। उन्हें किसी भी आधार पर किसी भी प्रकार की छूट नहीं मिलेगी। मतलब दोनों के साथ बिना भेद-भाव के एक जैसी गलती पर एक-सा दण्ड मिलेगा।

समानता के अधिकार ने लोगों में से छुआछूत की बुराई को दूर किया है और अगर कोई छुआछूत करता है तो यह दण्डनीय अपराध है। कुछ कमजोर वर्गों को ऊपर उठाने के लिए हमारे देश में कुछ कानून बनाए गए हैं। जैसे अनुसूचित जाति और जनजाति के लिए स्कूलों, कॉलेजों, नौकरियों आदि में कुछ स्थान आरक्षित किए गए हैं।

पहले समय में अंग्रेजों के शासनकाल के समय उन लोगों ने काफी असमानताएँ पैदा कर दी थीं। परन्तु आज आजाद भारत में हर किसी को समानता का अधिकार दिया गया है। किसी भी क्षेत्र में चाहे नौकरी हो या स्कूल में दाखिला हो हर किसी को एक समान माना जाएगा। उनमें

किसी भी आधार पर कोई भेदभाव नहीं किया जाएगा।

शोषण के विरुद्ध अधिकार

गरीबी आदमी को मजबूर बना देती है और उनकी मजबूरी का फायदा अमीर आदमी उठाते हैं। वह गरीब आदमी को कम मेहनताने पर काम करवाते हैं। हमारे संविधान ने हमें यह अधिकार दिया है कोई भी जबरदस्ती किसी भी दूसरे व्यक्ति से बेगार नहीं ले सकता। उसे मेहनत

का पूरा मेहनताना मिलना चाहिए। चाहे स्त्री हो या पुरुष दोनों को एक ही काम के लिए एकसमान मेहनताना मिलना चाहिए। इसके अलावा हमारे देश के कानून के अनुसार 14 वर्ष से कम आयु के बच्चों को काम पर रखना या उनसे मेहनत करवाना दण्डनीय अपराध है।

धार्मिक स्वतन्त्रता का अधिकार

हमारे देश में कई धर्म के लोग हैं। और हमारा देश एक धर्मनिरपेक्ष देश है। इसलिए यह आवश्यक है लोगों को धार्मिक स्वतन्त्रता मिले। हमारे संविधान ने हर व्यक्ति को धार्मिक स्वतन्त्रता का अधिकार दिया है। हर व्यक्ति अपने धर्म को मानने के लिए आजाद है। वह अपनी तरह से पूजा अर्चना कर सकता है। वह धार्मिक संस्थाएँ बना सकता है। स्कूलों में किसी एक धर्म की शिक्षा नहीं दी जा सकती। कानून की नजर में सभी धर्म समान हैं और सबको एक-दूसरे के धर्मों का आदर करना चाहिए।

संस्कृति और शिक्षा सम्बन्धी अधिकार

हमारे देश में अनेक भाषाएँ बोली जाती हैं और विभिन्न संस्कृति के लोग यहाँ पर हैं। हर व्यक्ति को अपनी भाषा और संस्कृति से प्रेम है। इसलिए हर व्यक्ति को यह अधिकार है कि वह अपनी भाषा, संस्कृति को बनाए रखे। वे अपनी भाषा या धर्म पर आधारित शिक्षा संस्थाएँ चलाने के लिए

स्वतन्त्र हैं।

संवैधानिक उपचार का अधिकार

यह सबसे महत्त्वपूर्ण अधिकार है। यह तो हम जानते हैं कि हमारे संविधान ने हमें समानता का अधिकार, स्वतन्त्रता का, धार्मिक स्वतन्त्रता का, संस्कृति और शिक्षा का अधिकार और शोषण के विरुद्ध लड़ने का अधिकार दिया है। यह सम्भव है किसी परिस्थिति में सरकार हमारे इन अधिकारों के बीच हस्तक्षेप करे तो इन परिस्थितियों में हमारे संविधान ने हमें यह अधिकार दिया है कि हम उच्चतम न्यायालय का सहारा ले सकते हैं। हमारे संविधान ने न्यायालयों को यह आजादी या ताकत दी है कि वह आम आदमियों के अधिकारों की रक्षा के लिए सरकार को आदेश दे सकती है। कोई भी सरकारी आदेश या कानून अगर हमारे अधिकारों का हनन करता है तो हम उच्च या सर्वोच्च न्यायालयों में जाकर अपने अधिकारों के लिए लड़ सकते हैं।

हमारे यह मौलिक अधिकार असीमित नहीं हैं। प्रत्येक अधिकार की कुछ सीमाएँ हैं। और आपातकाल के दौरान तो राष्ट्रपति हमारे सभी अधिकारों को खत्म कर सकते हैं सिवाय अपनी जिन्दगी और सम्पत्ति की रक्षा के अधिकार के। और इस आपातकाल के दौरान आप न्यायालयों में अपने अधिकारों के लिए लड़ भी नहीं सकते।

सभी अधिकारों के साथ-साथ कर्तव्य भी जुड़े हुए हैं। उनका पालन

करने पर ही आप अपने अधिकारों की बात कर सकते हैं। आपको अगर अपने धर्म का अपनी तरह से पूजा करने का अधिकार है तो यह आपका कर्तव्य है कि आप दूसरों को भी उनकी तरह से पूजा करने दें। ये बहुत बुरी बात है कि कभी-कभी व्यक्ति इतने मतलबी हो जाते हैं कि वे अपने अधिकारों की तो माँग करते हैं परन्तु अपने मौलिक कर्तव्य भूल जाते हैं।

ये सच है कि बिना अधिकारों के हम बन्धक हैं और हमें अपने

अधिकारों का ज्ञान होना चाहिए मगर अपने कर्तव्यों से भी मुँह नहीं मोड़ना चाहिए। ये कर्तव्य नैतिकता से जुड़े हैं। हमारा अपने देश और संविधान के प्रति जो कर्तव्य है वह मौलिक कर्तव्य कहलाते हैं। इन कर्तव्यों का पालन देश के प्रत्येक नागरिक को करना चाहिए। ये कर्तव्य हैं—

1. भारत के संविधान का पालन करना प्रत्येक नागरिक का प्रथम कर्तव्य है।
2. प्रत्येक नागरिक को अपने राष्ट्रध्वज और राष्ट्रगान का सम्मान करना चाहिए।
3. हमने अपने देश की आजादी की लड़ाई के समय जो आदर्श बनाए थे हमें उनको अब भी कायम रखना चाहिए और अपने देश की एकता, अखण्डता और सम्प्रभुता की रक्षा करनी चाहिए।
4. अपनी माँगों को पूरा करवाने के लिए हम जुलूस आदि निकालते हैं और कई बार हम तोड़-फोड़ करते हैं। इन सार्वजनिक सम्पत्तियों जैसे बसें, स्कूलों के फर्नीचर आदि का नुकसान हमारा अपना नुकसान है। हमें सार्वजनिक सम्पत्ति की रक्षा करनी चाहिए और हिंसा को छोड़कर अहिंसा और शान्तिपूर्ण सम्मेलन करने चाहिए। ये हमारा कर्तव्य है कि हम हिंसा का रास्ता न अपनाएँ और उससे दूर रहें।
5. हमारे देश में अनेक धर्मों को मानने वाले, अनेक भाषाओं और सम्प्रदायों के लोग रहते हैं। इसलिए हमें भाईचारे और समानता की भावनाओं को बढ़ावा देना चाहिए। हमें ऐसा कुछ भी नहीं

करना चाहिए जिससे कोई भी दूसरा हमें धर्म और भाषा के आधार पर एक-दूसरे से दूर कर सके। किसी भी धर्म, प्रदेश, भाषा या किसी वर्ग के आधार पर होनेवाले भेदभावों को दूर करना हमारा कर्तव्य है।

6. हमें अपने देश की सेवा करनी चाहिए और दूसरों से अपने देश की रक्षा करना भी हमारा कर्तव्य है।
7. हमें अपने देश को अपनी योग्यता के अनुसार ज्यादा से ज्यादा आगे बढ़ाने की कोशिश करनी चाहिए।
8. यह हमारा कर्तव्य है कि हम अपने प्राकृतिक पर्यावरण जैसे जंगल, जीव-जन्तु, झील, नदियाँ आदि की रक्षा करें और पशु-पक्षियों आदि के प्रति दया भाव बनाए रखें।
9. हमें समाज में जीवन के प्रति वैज्ञानिक नजरिया फैलाना चाहिए।
10. हमें उन सब कुरीतियों जैसे बाल-विवाह, सती प्रथा, दहेज प्रथा, जुआ आदि को दूर करना चाहिए जो नारी के सम्मान की रक्षा न करें और समाज की बुराइयों को बढ़ावा दें।
11. हमें अपने देश की संस्कृति की गौरवशाली परम्परा की रक्षा करनी चाहिए।
12. हमें देश को सुशिक्षित करने के लिए हर क्षेत्र में दक्षता प्राप्त करने की कोशिश करनी चाहिए और जहाँ से भी हो सके अच्छा ज्ञान अर्जित करना चाहिए।

इन मौलिक कर्तव्यों के अलावा हमारे अपने परिवार और समाज के

प्रति कुछ अन्य कर्तव्य भी हैं जैसे–

1. हमें अपने परिवार का पालन-पोषण करना चाहिए।
2. अपने माता-पिता और बुजुर्गों की सेवा करना और उनकी आज्ञा का पालन करना चाहिए।
3. हमें अपने बच्चों को अच्छी शिक्षा देनी चाहिए ताकि वे योग्य बनें और देश के अच्छे नागरिक बनकर हर पल देश की तरक्की में सहायक बनें।
4. हमें गरीबों और दुःखी लोगों के प्रति सहानुभूतिपूर्ण रवैया रखना चाहिए और उनकी मदद करनी चाहिए।
5. हमें समाज के नियमों और कायदे-कानून का पालन करना चाहिए।
6. हमें अपने आस-पास सफाई रखनी चाहिए।

अपने इन सभी कर्तव्यों का पालन करते हुए ही हम अपने अधिकारों का भी सदुपयोग कर पाएँगे और हम अपने समाज और देश की तरक्की में मददगार साबित होंगे। कर्तव्य करनेवाला व्यक्ति ही अधिकार की माँग कर सकता है। दोनों में गहरा रिश्ता है। हमारे देश की उन्नति तभी सम्भव है जब हम जहाँ तक हो सके पूरी निष्ठा के साथ अपने कर्तव्यों का पालन करें।

●●●